THE SPIRITUAL COMBAT

St. Bernard of Clairvaux O.Cist,

Abbot of Clairvaux

Translated by: D.P. Curtin

DALCASSIAN PRESS

Dark Age & Medieval Texts

ISBN: 979-8-8689-2698-3 (Paperback)

Library of Congress Control Number:
Author: Curtin, D.P. (1985-)

Printed by Ingram Content Group, 1 Ingram Blvd, La Vergne, Tennessee

First printing edition 2010.

SPIRITUAL COMBAT

(or even the struggle of vices and virtues).

1. Between Babylon and Jerusalem there is no peace, but eternal war. Each of these cities has its King. The King of Jerusalem is the Lord Jesus; the devil is the king of Babylon. And as the one reigns with righteousness and the other with malice, the king of Babylon seeks by the unclean spirits of his ministers, to seduce and entice the inhabitants of Jerusalem and to make them slaves of evil. But the sentry placed on the walls of Jerusalem having seen one of the inhabitants of the holy city taken away immediately sent to inform the prince that one of his subjects had just been taken from him to be dragged captive to Babylon. The king called one of his servants, the spirit of Fear, an excellent soldier in these encounters: Go quickly, he said to him, and snatch this prey from the enemy. This spirit, always ready to carry out the orders given to it, pursues, with incredible speed, the enemy who recognizes its approach, like one feels a violent whirlwind coming. Fear in fact thunders so loudly that at its powerful voice the troubled enemy flees. She does not pursue him very far, she is content to recapture her fellow citizen and bring him back. But one of his adversaries, the spirit of Sadness, was not with his companions when Fear delivered this assault. Seeing her friends fleeing, she rushes from the ambush where she was hiding, and runs. Alas! They told him, Fear alone has caused this disorder, and has brought confusion among us. No! No, Sadness continues, do not fear Fear: I know what must be done. I will stand on the road, in a corner, and I will falsely pretend to be a friend of Fear. I know her, and I know that it is

necessary to use trickery with her rather than violence. Wait until the end. As soon as said, as soon as done: she takes a side road and anticipates Fear, and retracing her steps she runs to meet her, and speaks to her in falsely friendly language, and full of perfidy, so much so that she was going to circumvent her in his good faith and lead him into the abyss of despair, when the sentry informed the king of what was happening. Immediately the king summons one of his best officers, Hope, and orders him to mount the horse of Desire, and to run with the sword of Joy to the aid of Fear. This faithful officer has barely received this mission when he leaves, and arriving on the scene he puts Sadness to flight by brandishing the sword of Joy with which his hand is armed. He delivers his fellow citizen, mounts him on his horse, and walking forward, he pulls him with the rope of promises, while Fear follows him and pushes him with the whip of his past sins.

2. The horse walked well when pulled and pushed, but it ran so fast that such a walk was dangerous. So the soldiers of Babylon gathered together and took counsel among themselves: What shall we do? they said: the prisoner escaped us, and we thought we had him. How did the applause from hell turn to tears? And two soldiers alone made heaven rejoice, by the deliverance of their fellow citizens? What! Satan's efforts and wiles were so easily foiled! One of these soldiers, more wicked than the others, and author of the crime, stands up and issues profane advice: You don't understand anything about it, he says: you don't know the way to easily recapture our prey: you forget that this is easy for us, but if it falls into our hands, it will be more difficult to get out of. Follow her from afar; I will transfigure myself into an angel of light, and as the fugitives, strangers in these regions, do not know the way, I will lead them astray by appearing to serve as their guide. This plan once concerted, the sentinel again calls to the king whom she sees coming on the horse of Desire a man who runs with dangerous haste, because his mount has neither bridle nor saddle. The enemies are pursuing him, she says, they are behind him: others aged in evil are seizing all the side roads. Moreover, I see one covered with our weapons, even though he is not one of us. We must send to meet him and find out if he is from our party or the enemy party.

3. The king, jealous of the salvation of souls, immediately sends two of his advisors, Prudence and Temperance. This makes the horse put on the brakes of Discretion and encourages Hope to walk with a gentler step. Prudence addressed sharp reproaches to Fear, energetically reprimanded her for her impatience and ordered her to be more circumspect in the future, lest the rider fall and lean backwards on the confession of past sins, and forward on the thought of judgment, on the left on patience, and on the right on humility. Hope and Fear then spurred him; Hope attached to his right foot the expectation of reward, and Fear placed on his left foot the apprehension of eternal torture.

4. Soon, after a short halt, and towards evening, the enemies rallied, and in large numbers, with the aim of attacking their adversaries. Fear is seized with fear, Hope presses on, so much so that Prudence and Temperance had great difficulty in bringing them back to wise thoughts. You see, said Prudence, that the day is late, the night is approaching, and when you walk in the darkness you hardly know where you are going. However, we still have a long way to go, and our enemies are numerous. But our king has a brave and faithful officer: I know him: his castle is near here, it is a place of safe defense; it is a nest in the middle of the rocks; let's head in that direction, we will be safe there. Everyone approves of the project, it's just a matter of finding a guide who will lead you to this castle. Prudence responds: my squire Reason will walk in front of us, he knows the way, he is himself known to Justice since he is allied with it. Reason therefore takes the lead, and the others follow: she soon arrives at the castle, greets Justice and tells her that she is bringing her guests. Which hosts, she asks? Where do they come from? What is the purpose of their trip? But recognizing the King in the midst of this troop, she gets up joyfully, and comes to meet the fugitives, offers them bread and gives them a maternal welcome. She helps the soul to dismount and hastens to lead it to the most beautiful apartment in the house.

5. Meanwhile the enemy arrives in the footsteps of the fugitives and besieges the place on all sides: he seeks some place to enter, he prowls around like a roaring

lion. But seeing it well guarded and defended everywhere, he pitched his camp under the walls, placing sentinels around it, so that no one could enter or leave it. His plan is to attack the castle early in the morning, with all its machines. However, Fear, always on the lookout and on the alert, excites his comrades in arms, goes to find Justice, questions her about the ammunition and the means of defense of the castle and expresses concerns about the provisions. Justice replies that the place is inaccessible, that it is built on rock, as she can easily verify: there is therefore nothing to fear from the enemy's machines. But as the country is dry and arid, it has only a few inhabitants living solely on barley bread; Currently they only have five loaves of bread and a few fish. O God, cries Fear, what is this to so many people? Then her terrors and her sadness redouble, and blaming the soul for having come down from the horse of Desire, she repeats: The end of this man will be worse than his beginnings. For this horse, she said, was running fast towards the city; now reason is its only guide: see if you were not then less exposed than at that time.

6. Fear was about to rage against Hope, whose opinion was different, when Temperance called on Prudence, who was already reproaching Fear for its extreme anxieties. O Fear, she said to him, why do you not draw your sword against the enemy? Do you not know that our King is the God of virtues, that he is a strong and powerful master, and that we cannot resist him? Send him a letter quickly, let him know the extremity to which his people are reduced; they ask for help: that he brings them help. And who will take charge of this message, says Fear? Darkness covers the earth; numerous enemies surround the place and watch it carefully; the country is unknown to us. We call on Justice who gave them hospitality. So help us, they said to him, help us if you can. Courage, she replies, courage. I have here an excellent courier, very devoted to the King and well known at court: he is Prayer; she knows how to go at night and by secret routes to the sky, to slip to the King's room, and with skillful and pressing words to act on his mind, and to obtain from him help for those who are in danger. Well, let this courier go, if he wants. All having consented, Prudence gave Prayer her instructions on what she had to represent to the King: Justice recommended her fidelity, urged her not to return empty-handed.

All, especially Fear, exhorted him to travel with all possible speed; then a secret passage was made for him through the walls and the enemy battalions. She arrives with the speed of a bird, at the gates of the new Jerusalem. They were closed; Prayer clashes, the guards are irritated by a noise which disturbs the rest of the inhabitants, in the middle of the night, and which can wake the King. But the messenger redoubles his efforts, and cries even louder: open to me the doors of justice; when I enter there I will speak to our King and I will tell him of the innumerable pains that fill my heart. This is my Master's door. Justice has sent me to you, to be introduced to the King, because I have a secret and important message to communicate to him: a terrible voice like thunder has resounded on our land.

7. The King, having learned of the arrival of a courier from Justice, orders it to be introduced. The Prayer enters, prostrates itself, adores the King saying: O King, live forever. Is your master well, asks the monarch? Very good, she replies and thanks to your kindness: but here is an urgent matter. Your servant escaped from the hands of the enemies, to obey you, took refuge in the castle of my master, one of your soldiers. Now, sire, this castle is located in the south, in a country burned by drought, and there is a shortage of food. May my Lord give his blessing and our land will be covered with fruits. Our enemies are gathered in large numbers to fight us: we need your help in the affliction to which we are reduced, because from you alone, O my God, we await protection. Then our King, whose nature is goodness itself, touched by these tears, called Charity and said to her: Who could we send to the aid of these unfortunate people? She replied: Here I am. Lord, send me, I am ready. The King thought of giving her an escort, I only need, she said, my servants. Immediately she sets off followed by a noble procession of Joy, Peace, Patience, Long-suffering, Kindness, Affability, Gentleness. At the head of this troop our illustrious leader advances, assured of victory; he raises the triumphal standard, crosses the enemy lines, and arrives at the castle gate which opens before him. His arrival is exciting in the place of incredible transport. Under the inspiration of Joy, cries arise, acclamations resound, they even go to the camp of the besiegers, causing consternation in the hearts. O God! exclaim the latter, "what do these noisy

rejoicings mean which come from the camp of Israel and strike our ears? Nothing like the past days: certainly, help came to them; they will attempt a furious outing against us; let us flee Israel: the Lord fights for him. However, Charity, impatient with the delays in attacking the enemy, orders the army to be arrayed in line, to open the gates of the castle, and to pursue the enemy; she declares that she will go to the gates of hell. The army of Charity is shaken: the troops of Babylon cannot withstand the shock, they flee, without escaping the hands of their adversaries. A thousand fall under the blows of Fear and ten thousand under those of Charity.

FRENCH TEXT

Du combat spirituel

(ou encore de la lutte des vices et des vertus)

1. Entre Babylone et Jérusalem point de paix, mais guerre éternelle. Chacune de ces villes a son Roi. Le roi de Jérusalem est le Seigneur Jésus; le démon est le roi de Babylone. Et comme l'un règne avec la justice et l'autre par la malice, le roi de Babylone cherche par les esprits impurs ses ministres, à séduire et à attirer les habitants de Jérusalem et à les rendre esclaves du mal. Mais la sentinelle placée sur les murs de Jérusalem ayant vu emmener un des habitants de la cité sainte envoya aussitôt prévenir le prince qu'on venait de lui enlever un de ses sujets pour le traîner captif à Babylone. Le roi appelant un de ses serviteurs, l'esprit de Crainte, soldat excellent en ces rencontres: Va promptement, lui dit-il, et arrache cette proie à l'ennemi. Cet esprit toujours prêt à exécuter les ordres qu'on lui donne poursuit, avec une vitesse incroyable, l'ennemi qui reconnaît son approche, comme on sent venir un violent tourbillon. La Crainte en effet tonne si fort qu'à sa voix puissante l'ennemi troublé prend la fuite. Elle ne le poursuit pas bien loin, elle se contente de reprendre sou concitoyen captif et de le ramener. Mais un de ses adversaires, l'esprit de Tristesse, n'était pas avec ses compagnons lorsque la Crainte leur livra cet assaut. Voyant ses amis en fuite elle s'élance de l'embuscade où elle se tenait cachée, et accourt. Hélas! lui dit-on, la Crainte seule a causé ce désordre, et a mis la confusion au milieu de nous. Non! non, reprend la Tristesse, ne redoutez pas la Crainte: je sais ce qu'il y a à faire. Je vais me placer sur la route, dans un coin, et je me donnerai faussement pour une amie de la Crainte. Je la connais, et je sais qu'il faut user avec elle de ruse plus que de violence. Attendez la fin. Aussitôt dit, aussitôt fait: elle prend un chemin de traverse et devance la Crainte, et revenant sur ses pas elle accourt à sa rencontre, et lui tient un langage faussement amical, et plein de perfidie, si bien qu'elle allait la circonvenir dans sa bonne foi et l'entraîner dans l'abîme du désespoir, quand la sentinelle avisa le roi de ce qui se passait. Aussitôt le roi mande un de ses meilleurs officiers, l'Espérance, et lui prescrit de monter sur le cheval du Désir, et de courir avec l'épée de la Joie au secours de la Crainte. À peine ce fidèle officier a-t-il reçu cette mission qu'il part, et arrivé sur les lieux il met la Tristesse en fuite en brandissant l'épée de la Joie dont sa main est armée. Il délivre son concitoyen, le fait monter sur son cheval, et marchant en avant, il le tire avec la corde des promesses, tandis que la Crainte le suit et le pousse avec le fouet de ses péchés passés.

2. Le cheval marchait bien ainsi tiré et ainsi poussé, mais il courait si vite qu'une pareille marche était dangereuse. Aussi les soldats de Babylone s'assemblèrent et tinrent conseil entre eux : Que faisons-nous ? disaient-ils : le prisonnier nous échappe, et nous croyions le tenir. Comment, les applaudissements de l'enfer se sont-ils changés en pleurs ? et deux soldats

seuls ont mis le ciel en joie, par la délivrance de leur concitoyen ? Quoi! les efforts et les ruses de Satan ont été si facilement déjoués ! Un de ces soldats plus méchant que les autres, et auteur du crime, se lève, et émet un conseil profane: Vous n'y entendez rien, dit-il : vous ne savez pas le moyen de ressaisir aisément notre proie : vous oubliez que cela nous est facile, que si elle retombe en nos mains, elle en sortira plus difficilement. Suivez-la de loin; je vais me transfigurer en ange de lumière, et comme les fugitifs, étrangers en ces régions, ne connaissent pas le chemin, je les égarerai en ayant l'air de leur servir de guide. Ce plan une fois concerté, la sentinelle mande de nouveau au roi qu'elle voit venir sur le cheval du Désir un homme qui court avec une dangereuse précipitation, parce que sa monture n'a ni bride ni selle. Les ennemis le poursuivent, dit-elle, ils sont derrière lui : d'autres vieillis dans le mal s'emparent de tous les chemins de traverse. De plus j'en vois un couvert de nos armes, encore qu'il ne soit pas des nôtres. Il faut envoyer au-devant de lui et s'informer s'il est de notre parti ou du parti ennemi.

3. Le roi jaloux du salut des âmes envoie sur le champ deux de ses conseillers, la Prudence et la Tempérance. Celle-ci fait mettre au cheval le frein de la Discrétion, et engage l'Espérance à marcher d'un pas plus doux. La Prudence adressa de vifs reproches à la Crainte, la reprit énergiquement de son impatience et lui prescrivit d'être plus circonspecte à l'avenir, de peur que le cavalier ne vînt à tomber : que du reste il s'appuyât en arrière sur la confession de ses péchés passées, et en avant sur la pensée du jugement, à gauche sur la patience, et à droite sur l'humilité. L'Espérance et la Crainte lui mirent ensuite des éperons ; au pied droit l'Espérance lui attacha l'attente de la récompense, et la Crainte lui mit au pied gauche l'appréhension des supplices éternels.

4. Bientôt, après une courte halte, et vers le soir, les ennemis se rallièrent, et en grand nombre, dans le but d'attaquer leurs adversaires. La Crainte est saisie de peur, l'Espérance presse le pas, si bien que la Prudence et la Tempérance eurent bien de la peine à les ramener à de sages pensées. Vous voyez, dit la Prudence, que le jour est avancé, la nuit approche, et quand on marche dans les ténèbres on ne sait guère où l'on va. Cependant il nous reste encore beaucoup de chemin à faire, et nos ennemis sont nombreux. Mais notre roi a un officier brave et fidèle : je le connais : son château est près d'ici, c'est une place d'une sûre défense ; c'est un nid au milieu des rochers ; dirigeons-nous de ce côté, nous y serons en sûreté. Tout le monde approuve le projet, il ne s'agit plus que de trouver un guide qui conduise à ce château. La Prudence répond : mon écuyer la Raison va marcher devant nous, il connaît le chemin, il est d'ailleurs lui-même connu de la Justice puisqu'il lui est allié. La Raison prend donc les devants, et les autres suivent : elle arrive bientôt au château, salue la Justice et lui dit qu'elle lui amène des hôtes. Quels hôtes, demande celle-ci ? d'où viennent-ils ? quel est le but de leur voyage ? Mais reconnaissant le Roi au milieu de cette troupe, elle se lève joyeuse, et vient au-

devant des fugitifs, leur offre du pain et leur fait un maternel accueil. Elle aide l'âme à descendre de cheval et s'empresse de la conduire dans le plus bel appartement de la maison.

5. Cependant l'ennemi arrive sur les pas des fugitifs, et assiège de tous côtés la place: il cherche quelque endroit pour y pénétrer, il rôde autour comme un lion rugissant. Mais la voyant bien gardée et défendue partout, il pose son camp sous les murailles, place des sentinelles aux abords, afin qu'on ne puisse y entrer ni en sortir. Son dessein est d'attaquer le château de grand matin, avec toutes ses machines. Cependant la Peur toujours aux aguets et sur le qui-vive excite ses compagnons d'armes, va trouver la Justice, la questionne sur les munitions et les moyens de défense du château et exprime des inquiétudes au sujet des provisions. La Justice lui répond que la place est inaccessible, qu'elle est bâtie sur le roc, comme elle peut aisément s'en assurer: il n'y a donc rien à redouter des machines de l'ennemi. Mais comme le pays est sec et aride, il ne compte que de rares habitants vivant uniquement de pain d'orge ; actuellement ils n'ont guère que cinq pains et quelques poissons. Ô Dieu, s'écrie la Crainte, qu'est-ce que cela pour tant de monde? Alors ses terreurs et ses tristesses redoublent, et blâmant l'âme d'être descendue de dessus le cheval du Désir, elle répète : La fin de cet homme sera pire que ses commencements. Car ce cheval, dit-elle, courait rapide vers la ville ; maintenant la raison est son unique guide : voyez si vous n'étiez pas alors moins exposée qu'à cette heure.

6. La Crainte allait s'emporter contre l'Espérance dont l'avis était différent, quand la Tempérance appela la Prudence qui reprochait déjà à la Crainte ses inquiétudes extrêmes. Ô Crainte, lui dit-elle, que ne tirez-vous votre épée contre l'ennemi ? Ne savez-vous pas que notre Roi est le Dieu des vertus, qu'il est un maître fort et puissant, et qu'on ne peut lui résister ? Envoyez-lui vite un courrier, faites lui connaître l'extrémité où ses gens sont réduits ; ils demandent du secours : qu'il leur amène du secours. Et qui se chargera de ce message, dit la Crainte ? les ténèbres couvrent la terre, des ennemis nombreux enveloppent la placée et la surveillent avec soin ; le pays nous est inconnu. On appelle la Justice qui leur donnait l'hospitalité. Aidez-nous donc, lui disent-elles, aidez-nous si vous pouvez. Courage, leur répond-elle, courage. J'ai ici un excellent courrier, très-dévoué au Roi et bien connu à la cour : c'est la Prière ; elle sait aller la nuit et par des routes secrètes jusqu'au ciel, se glisser jusqu'à la chambre du Roi, et par des paroles adroites et pressantes agir sur son esprit, et obtenir de lui secours pour ceux qui sont en danger. Eh bien, que ce courrier parte, s'il le veut. Tous ayant consenti, la Prudence donna à la Prière ses instructions sur ce qu'elle avait à représenter au Roi : la Justice lui recommanda la fidélité, la pressa de ne pas revenir les mains vides. Toutes, la Crainte surtout, l'exhortèrent à voyager avec toute la rapidité possible ; puis on lui fraya un passage secret à travers les murailles, et les bataillons ennemis.

Elle arrive avec la rapidité de l'oiseau, aux portes de la nouvelle Jérusalem. Elles étaient fermées ; la Prière heurte, les gardes s'irritent d'un bruit qui trouble le repos des habitants, au milieu de la nuit, et qui peut réveiller le Roi. Mais le messager redouble d'instances, et crie plus haut encore: ouvrez-moi les portes de la justice; quand j'y serai entré je parlerai à notre Roi et je lui dirai les douleurs innombrables qui me remplissent le cœur. C'est ici la porte de mon Maître. La Justice m'a envoyé vers vous, pour qu'on m'introduise chez le Roi, car j'ai un message secret et important a lui communiquer : une voix terrible comme le tonnerre a retenti sur notre terre.

7. Le Roi ayant appris l'arrivée d'un courrier de la Justice ordonne de l'introduire. La Prière entre, se prosterne, adore le Roi en disant: ô Roi, vivez à jamais. Votre maître se porte-t-il bien, lui demande le monarque? Très-bien, répond-elle et grâce à votre bonté : mais voici une affaire urgente. Votre serviteur échappé aux mains des ennemis, pour vous obéir, s'est réfugié dans le château de mon maître, un de vos soldats. Or, sire, ce château est situé au midi, dans un pays brûlé par la sécheresse, et les vivres y manquent. Que mon Seigneur donne sa bénédiction et notre terre se couvrira de fruits. Nos ennemis sont réunis en grand nombre pour nous combattre : il nous faut votre secours dans l'affliction où nous voilà réduits, car de vous seul, ô mon Dieu, nous attendons protection. Alors notre Roi dont la nature est la bonté même, touché de ces larmes, appela la Charité et lui dit : Qui pourrions-nous envoyer au secours de ces malheureux ? Elle répondit : Me voici. Seigneur, envoyez-moi, je suis prête. Le Roi songeant à lui donner une escorte, je n'ai besoin, dit-elle, que de mes seuls domestiques. Aussitôt elle se met en route suivie d'un noble cortège, de la Joie, la Paix, la Patience, la Longanimité, la Bonté, l'Affabilité, la Douceur. À la tête de cette troupe notre illustre chef s'avance, assuré de la victoire ; il lève l'étendard triomphal, traverse les lignes ennemies, et arrive à la porte du château qui s'ouvre devant lui. Son arrivée excite dans la place des transports incroyables. Sous l'inspiration de la Joie, des cris s'élèvent, des acclamations retentissent, elles vont jusque dans le camp des assiégeants jeter la consternation dans les cœurs. Ô Dieu ! s'écrient ces derniers, que signifient donc ces bruyantes réjouissances qui partent du camp d'Israël et frappent nos oreilles ? Rien de pareil les jours passés : assurément il leur est arrivé du secours ; ils vont tenter contre nous une sortie furieuse ; fuyons Israël : le Seigneur combat pour lui. Cependant la Charité impatientée des lenteurs qu'on met a attaquer l'ennemi ordonne de ranger l'armée en bataille, d'ouvrir les portes du château, et de poursuivre l'ennemi ; elle déclare qu'elle ira jusqu'aux portes de l'enfer. L'armée de la Charité s'ébranle : les troupes de Babylone n'en peuvent soutenir le choc, elles fuient, sans échapper toutefois aux mains de leurs adversaires. Mille tombent sous les coups de la Crainte et dix mille sous ceux de la Charité.

THE SCRIPTORIUM PROJECT
DALCASSIAN
PUBLISHING COMPANY
Philadelphia, PA

The Scriptorium Project is the work of a small group of lay people of various apostolic churches who are interested in the preservation, transmission, and translation of the works of the early and medieval church. Our efforts are to make the works of the church fathers accessible to anyone who might have an interest in Christian antiquities and the theological, philosophical, and moral writings that have become the bedrock of Western Civilization.

To-date, our releases have pulled from the Greek, Syriac, Georgian, Latin, Celtic, Ethiopian, and Coptic traditions of Christianity, and have been pulled from sundry local traditions and languages.

Other Selections from the Early Frankish Church Series:

Letter to Brunhilda of Austrasia by St. Germain of Paris (Sept. 2010)
The Spiritual Combat by St. Bernard of Clairvaux (Dec. 2010)
In Praise of the New Chivalry by St. Bernard of Clairvaux (Jan. 2011)
Testament by St. Burgundofara the Abbess (Jan. 2016)
Laws of the Monastery and the Church by Theuderic III, King of Franks (Feb. 2016)
The Life of King Sigebert II by Sigebert of Gembloux (Mar. 2016)
Two Letters from a Gallic Patrician by Dynamius the Patrician (July 2016)
Life of St. Germain by St. Venantius Fortunatus (Aug. 2016)
Three Letters from the Companion of the Bulgars by St. Rupert of Juvavum (Aug. 2017)
An Account of the Gallican Liturgy by St. Germain of Paris (June 2018)
Preludes by Photius of Paris (Nov. 2018)
The Privileges of Rome by Louis I the Pious, Frankish Emperor (Apr. 2019)
Edicts of the Synod of Paris by Chlothar II, King of Franks (Aug. 2019)
Laws of the Church (Ecclesiasticae Praeceptiones) by Chlothar III, King of Franks (Apr. 2020)
Laws of the Church (Ecclesiasticae Praeceptiones) by St. Dagobert II, King of Franks (Sept. 2020)
The Italian Diplomas by Charlemagne, Holy Roman Emperor (Apr. 2023)

www.ingramcontent.com/pod-product-compliance
Ingram Content Group UK Ltd.
Pitfield, Milton Keynes, MK11 3LW, UK
UKHW050902210325
456570UK00010B/116

9 798868 926983